AF193656

LA SEMILLA UNIVERSAL

JACINT SANTAPAU SANZ

UNIVERSO de LETRAS

La semilla universal
Jacint Santapau Sanz

Esta obra ha sido publicada por su autor a través del servicio de autopublicación de EDITORIAL PLANETA, S.A.U. para su distribución y puesta a disposición del público bajo la marca editorial Universo de Letras por lo que el autor asume toda la responsabilidad por los contenidos incluidos en la misma.

Diseño de la cubierta: Equipo de diseño de Universo de Letras
Imagen de cubierta: ©Shutterstock.com

Obra publicada por el sello Universo de Letras
www.universodeletras.com
Primera edición: 2026

ISBN: 9791388010408
ISBN eBook: 9791388009129

Este libro una puerta abierta al conocimiento de la sabiduría primordial, ética y filosófica mente, plantando semillas intrínseca mente de forma indirecta sin imponer haciendo que nazca de forma natural semillas de conocimiento y luz, convirtiendo al lector en agricultor al mismo tiempo, para empezar a expandir los principios de la sabiduría primordial, por el beneficio de todos los sere.

Todos los beneficios se los entrego a Daniela mi sobrina...
Jacint Santapau Sanz

Un texto profundo que invita a despertar, conectarse con lo esencial y recuperar el equilibrio perdido.

CAPÍTULO 1

Trece lunas llenas

En un año hay 13 lunas llenas, cada luna marca una etapa en nuestro tiempo, como cada tres meses del calendario Gregoriano, marca una estación del año (primavera, verano, otoño e invierno). Pero en este libro, os revelo el gran secreto oculto sin duda alguna, por alguien, o por algunos que desean controlar al hombre para sus fines. Como decía Maquiavelo "El fin no justifica los medios".

Todos podréis comprobar por vosotros mismos, los datos que os voy a ir mostrando a continuación.

El hombre, como cada ser vivo o inerte, pertenece al universo, como cada cosa que vemos, tocamos, olemos o sentimos. No podemos luchar contra las fuerzas del Universo y de la Naturaleza, ni alterar el orden, y lo estamos desafiando.

Todo, absolutamente, todo, parte de un Espiral, nosotros mismos, las plantas, los objetos que nos rodean, e incluso la Vía Láctea, nuestra Galaxia, nuestro Universo, etc....

Quien quiera que haya inventado el calendario Gregoriano, conocía muy bien todos estos datos que os voy a revelar, de ahí nacerá la incógnita y el porqué de este suceso.

11

Bien, pues, si hay 13 Lunas Llenas, está más que claro, hay 13 meses y no 12 como nos hacen creer. Daros cuenta que el Calendario Gregoriano es irregular y la suma de todos los días del mes, hace 365 días, pero uno de los días del año es alterado de 365dias a 364, cada cuatro años. Cada 28 días hay una Luna Llena, que es la que marca el paso de un mes a otro, según las Leyes del Universo creadas por él y no por el hombre, porque el Universo no pertenece al hombre, es el hombre el que junto a todo, forma parte de él, y por eso no podemos nadar mucho tiempo contra corriente, porque es ilógico y nos ahogaríamos, gastando inútilmente nuestras fuerzas, si alteramos este orden, es como si anduviéramos hacia atrás, pero con daños colaterales muchos más grandes de lo que imaginamos. Un grano de arena puede cambiar el destino de la raza humana, o ponerla a merced de un ser malvado que ansia destruirla o de un ser bueno que quiera reconstruirla.

Como bien se conoce de la Historia de los Mayas, que usaban el Calendario de las 13 Lunas, una Luna Llena cada 28 días que marca un periodo Universal en nuestro año. Si multiplicamos 28 días por 13 meses, el resultado es 364 días, un año exacto, sin necesidad de ser alterado a 365, cada 4 años y los meses que son irregulares, como en el Calendario Gregoriano, que los meses tienen 31, 30, 28 días, que a simple vista parece una estupidez, pero que oculta un motivo mucho mayor.

La pregunta es:
¿Por qué ocultar eso?... ¿Por qué hacernos creer que el 13 es un número maldito?...

CAPÍTULO 2

La mujer y la luna

Como bien todos sabéis, una mujer, una vez al mes, tiene la menstruación, pero una mujer no tiene 12 menstruaciones, sino 13, de ahí que sean irregulares y sucedan a veces a principio de mes, a veces a finales e incluso a mediados.

El sexo femenino, es el encargado de traer la vida en nuestro mundo, pasamos de entre 7 a 9 meses dentro de una mujer, hasta llegar a este mundo. Las mujeres son nuestras madres, nuestras hermanas... el portal por el cual venimos a la vida y al no seguir las pautas correctas marcadas por la Ley de la Naturaleza, alteramos el orden en ellas y de ellas venimos nosotros, así que alteramos también el nuestro y el de todos.

CAPÍTULO 3

Verdad logística universal

Nuestro cuerpo tiene un mecanismo perfecto, que coordina al mismo tiempo que realiza un pensamiento, una acción, un síntoma, etc.... es una creación similar a todo lo que nos rodea, y tiene una relación entre sí con todo el Planeta, las olas del mar van conjuntas con nuestra respiración, cada especie existe para que haya otra y así sucesivamente, porque hay una fuerza suprema "TAO", que hace que así sea, cada cosa es necesaria para que haya vida, y una vida da vida a otra.....la cadena evolutiva, ya sea persona, animal o cosa, es única e irremplazable en todo el Universo. Cada persona tiene sus huellas digitales, el código de sus ojos, al igual que ningún animal es igual a otro, ni los objetos, aunque nosotros los veamos iguales a simple vista, de hecho este momento en el que estás leyendo estas líneas, este mismo instante es diferente a otro, es un momento único e irremplazable, en todo el Universo, porque no se volverá a repetir exactamente en el mismo instante.

15

El Ser humano esta creado en un 65% o 80% de agua, os invito a comprobar este experimento es muy divertido y puede hacerlo todo el mundo por su sencillez.

Coger dos vasos y llenarlos con la misma agua, poner cada vaso en una sala distinta, y cada mañana durante 3 semanas hablarle al agua, aunque suene un disparate hablarle al primer vaso bien, mimándolo con cariño diciéndoles cosas bonitas y al segundo vaso todo lo contrario, insultarlo, descargar el mal en él, decirle cosas odiosas... al finalizar las 3 semanas observareis que el vaso al cual lo habéis tratado bien, el agua sigue limpia, pura y en cambio al otro vaso al que le habéis hablado mal, el agua estará turbia e incluso con moho. Si tenéis más dudas, no lo aconsejo, pero podéis probar ambas. Imaginar lo que este experimento afecta al agua, y si nosotros repito somos entre un 65% o 80% agua, nos afecta a nosotros y así sucesivamente con todo lo que nos rodea.

CAPÍTULO 4

La conexión

He comprobado este dato y os invito a todas las mujeres de este Planeta a comprobarlo por vosotras mismas ya que no tenéis nada que perder al hacerlo y así mucho que ganar.

La Luna al igual que el Sol y al igual que todo, nos afecta a todos, y en la mujer ejerce un cambio en su útero que equilibra su matriz, por la cual, llegamos a este mundo que es el portal dimensional de llegada, unifica sus raíces en la rueda de la vida y al exponerse bajo sus efectos lunares produce una estabilidad, una conexión que regulariza su menstruación influyendo en la carencia de dolores y molestias innecesarias como partos dolorosos, nacimientos inadecuados, sufrimiento o estrés del embrión de la madre o del bebe al nacer.

Así que es tan simple como mirar la Luna 5 minutos cada noche antes de dormir, para dejar de sentir dolor al tener la menstruación y así poder lograr todos estar conectados a nuestros orígenes primarios y raíces como especie perteneciente al Sistema Solar, dentro de este infinito Universo.

17

CAPÍTULO 5

Evidencia de engaño

Al igual que dicen en el Calendario Gregoriano que hay 12 meses, nos dicen que hay 12 horóscopos, cada 28 días es un horóscopo distinto, pero estoy seguro de que muy pocos se han percatado de esto, y si multiplicas 28 días por 12 meses, el resultado es de 336 días, pero un año como bien sabéis no tiene 336 días, si no 364, lo cual nos está diciendo que falta otro mes de 28 días, por lo tanto hay 13 horóscopos y no 12, ya que la suma de 336 días más 28 suman 364.

Otro dato muy importante es que el Sol sale desde el Este, y en un reloj solar podemos apreciar el sentido de las agujas, el mismo que un reloj moderno, desde la derecha hacia la izquierda. Es el mismo sentido que el de la espiral de nuestra Galaxia, el Sistema Solar. Bien, pues revelado este dato, daros cuenta en cualquier revista, el horóscopo que nos muestran contando desde Enero el mes de Capricornio esta en el sentido contrario a las agujas del reloj, a la trayectoria solar y a la Vida.

¿Quien pretende girar la rueda de la vida en nosotros y hacernos caminar en dirección contraria?

Si toda la vida conocida por nosotros esta creada en el sentido de las agujas del reloj. ¿Por qué pretenden hacernos mirar hacia el sentido contrario?.

Es algo ilógico, sin sentido, es como lanzar una piedra y esta vaya hacia atrás, rompiendo la ventana de tu vecino. Si la vida, parte de la derecha hacia la izquierda. ¿Por qué pretenden que sea al revés? ¿A caso quieren llevarnos hacia la muerte o hacia nuestra destrucción?

O acaso es una distracción mental, que nos atrae hacia lo negativo para distraernos y manejarnos a su antojo o voluntad.

Sea lo que sea, no es correcto y es totalmente ilógico, como tirarnos tierra a los ojos.

CAPÍTULO 6

El número maldito

Siempre nos han hecho creer, que el número 13, es un número maldito, supersticiones. En Hollywood historias de miedo, películas de Viernes 13, etc....Y el porqué, pienso que se remonta a un temor al que la verdad sea revelada en nuestra libertad, imaginación, ignorancia e incluso nuestra esclavitud.

El fin de esto, lógicamente esta a la orden del día y nos vemos atraídos hacia el caos, donde los que nos hacen creer que esto es así, buscan sin duda alguna beneficiarse de nuestra ignorancia, e incluso aunque suene brusco, lucrarse de nuestra perdición, agobiarnos, hacernos pasar hambre, hacernos competitivos, mantenernos desunidos, crear diferencias entre nosotros, romper matrimonios, por las circunstancias materiales a los que nos vemos obligados a adaptarnos en su consumismo, mantenernos en constante inseguridad, crear en nosotros inestabilidad y tensión, volviéndonos negativos y en muchos casos obligarnos a cometer actos que van en contra de nuestros propios principios, por nuestra supervivencia como robar comida para poder subsistir y en casos

21

más extremos robar cualquier cosa, para degenerar dinero y poder seguir con esta gran farsa que degenera, en nuestra naturaleza como especie humana.

Es un plan elaborado minuciosamente por aquellos que dominan el mundo actualmente para sodomizar a su ganado, marcando con números y vigilando constantemente para que no se escape del rebaño ningún cordero y llevarnos a todos a la desesperación y crear en un día muy próximo el caos en las calles para proclamar la ley marcial y crear como ellos dicen el nuevo orden mundial, para poder establecer un sistema totalmente dictatorial y el hombre no pueda escapar de su represión y vivir en total esclavitud por la gente enferma, que domina este juego de ajedrez.

Otro dato muy importante es que el 1% de la población terrestre sufre de psicopatía y aunque haya algún caso de asesino en serie psicópata, quedan muchas más personas dentro de este 1%, que no han sido reveladas o mostradas a la luz y claro que los que tienen el control de nosotros al llevarnos a situaciones extremas de supervivencia nos están matando constantemente por hambre, encarcelaciones injustas y de mil maneras y formas diferentes sin necesidad de apretar un gatillo para matarnos, esas personas sufren de una enfermedad que sin duda es la psicopatía de ver como muere la gente y no les importa en lo más mínimo, ni inmutarse al saber que es a causa de su egocentrismo y enfermedad, salen en medios públicos sin ningún gesto de tristeza en sus rostros o síntomas de solidaridad o angustia, al saber que ellos son los principales causantes de estas muertes, lo cual es una gran evidencia para saber donde se encuentra el resto de ese % de la humanidad que sufre de psicopatía. También otro dato es que todos los

22

políticos usan técnicas de hipnotismo, apenas pestañean, miran fijamente al objetivo, muestran la actitud de convencer, de imponer de hacernos creer que están diciendo la verdad, aunque la gran mayoría de nosotros por dentro sabemos que no es así, pero eso les ayuda a convencer a la gente con una inteligencia no potenciada y dormida desde su nacimiento por ellos.

Si bien sabemos, nuestro cerebro está formado de dos hemisferios, el derecho y el izquierdo. El izquierdo es el práctico, el motor que realiza la acción simple de coger las cosas, llevarlas de un sitio al otro, andar y el derecho es el creativo, el que nos hace pensar por nosotros mismos, hallar las incógnitas, crear nuevas tecnologías, fomentar nuestra parte artística, etc....

Si observáis todos los trabajos y la enseñanza desde niños, están dirigidas hacia el uso del hemisferio izquierdo, obreros, abogados, jueces, campesinos, taxistas, bomberos, etc....

Y el hemisferio derecho es fomentado mayoritariamente utilizado por los artistas, músicos, arquitectos, escultores, pintores, filósofos, profesiones creativas, personas bohemias, rechazadas mayoritariamente por la sociedad de hoy en día que les obliga a sentirse atrapados en un nivel mental más avanzado, incomprensible por aquellos que permanecen dormidos e incluso me atrevo a decir nivel superior de conciencia.

El arte no está considerado un trabajo con reconocimiento social en la gran mayoría de casos, tenemos muchos ejemplos en nuestra historia de pintores como Van Gogh, Monet, Picasso, etc.... todos vivieron en la pobreza, incomprendidos por la mayoría, rechazados y apartados en una esquina.

Vivieron siendo pobres y al morir fueron ricos, es una gran pena, porque sin los grandes pensadores como Platón, Aristóteles,

23

etc.... o mentes prodigiosas como la de Miquel Ángelo. La humanidad no sería nada, personas así son los que nos han hecho avanzar como seres humanos, llegando a seres inmortales ya que sobreviven sus obras y con el tiempo todavía adquieren más importancia.

CAPÍTULO 7

Los pequeños cambios

A simple vista, puede parecer una tontería, pero acaso el sol es una tontería, el agua, el viento, el fuego, y la tierra, también lo pueden parecer, pero sin ellos no habría vida, al menos tal y como la conocemos.

Por eso para poder cambiar el Mundo, a favor de nuestra especie y evolucionar, podemos empezar en cambiar las pequeñas cosas, si no fuera así repercutiría en cambios mayores con el paso del tiempo. Os pondré un ejemplo: Si grabas una canción, la música lleva un tempo, si descuadras tu voz de ese tiempo por menor que sea el descuadre repercutirá al pasar pocos segundos, descuadrándose totalmente la canción, haciendo de ella un desorden total el caos.

Por eso es tan importante cuidar nuestras raíces y respetar la leyes universales, porque cada error cometido o paso en falso, desata un efecto dómino de repercusiones a largo plazo al igual que las buenas acciones desencadenan y atraen cosas buenas en nuestro camino.

CAPÍTULO 8

Basico elemental

En el mundo para que haya vida en todo interactúan dos fuerzas: negativa y positiva.

En un imán, negativo y negativo se repelen, positivo y positivo también se repelen, pero negativo y positivo se fusionan, se atraen, se unen.

Una bombilla, fase o neutro, negativo y positivo al juntarse traen la luz.

Como es representado en el Yin-Yang, en todo lo bueno hay algo malo y en todo lo malo hay algo bueno.

El Sol, la Luna, el día y la noche, el agua, la tierra, el fuego y el viento, todos estos elementos que nos revelan un trabajo en equipo llamado vida, al cual pertenecemos y debemos respetar y sin ninguno de esos elementos nada seria lo que es en este mundo.

Si faltara tan solo uno de estos elementos, cambiaría totalmente todo, no sería nada igual a como lo conocemos o incluso no estaríamos aquí ahora.

CAPÍTULO 9

La confusión

Se dice en los libros sagrados que fue construida la torre de Babel era una torre construida por los hombres con el fin de alcanzar el Reino de los Cielos, según cuentan los libros sagrados, Dios al ver tal osadía hecha por el hombre, dijo que los hombres trabajando unidos o en conjunto son capaces de cualquier cosa, pero no puedo permitir esto y para que no volviera a ocurrir, creo la confusión y según dicen de ahí nacieron los idiomas para tenernos desunidos y confusos, pero en realidad la confusión la crearon los hombres ya que Dios nos ama a todos y todos somos él, no haría jamás tal cosa, eso es cosa de los hombres para crear la desunión con ella y la confusión.

Pero la realidad es que las fronteras, idiomas, banderas, competiciones, etc.... obstruyeron nuestro crecimiento como especie pues la realidad repito es que todos somos una gran familia y en el Mundo hay recursos de sobra para que trabajando tan solo 4 horas al día, cada uno de nosotros podamos vivir como reyes amándonos los unos a los otros ayudándonos a levantarnos y no pisotearnos

29

como ocurre en estos tiempos, siendo todos uno y uno todos para poder avanzar en la medicina en conjunto nuestro bien estar la ciencia, la tecnología, etc.... y en mil y una cosa más ya que el ser humano tiene un potencial muchísimo mayor al que podamos imaginar de hecho está comprobado científicamente que solo usamos un 10% de nuestra capacidad mental y pienso que trabajando todos en conjunto es la única manera de un día poder llegar a nuestra capacidad total, crecer interiormente, comprender que estamos aquí de paso y dejar un mundo mejor a nuestros hijos y descendientes es algo vital para la conservación de nuestra especie y sin estar unidos jamás conseguiremos frenar el mal, el cual nos obliga a vivir en estos tiempos en una total degradación humana, de nada me sirve comparar mis problemas con gente a la que esta mucho peor que yo como suele hacer la gran mayoría que mira atrás siempre para sentirse afortunados con el mal ajeno dentro de sus conformismo porque los problemas de ellos tampoco debería ocurrir y eso es una forma de tirar la toalla y hacerse conformista, debemos luchar para que esto no ocurra por el bien de todos en conjunto incluso de los insensatos que a pesar de saber eso y ocultarlo a la humanidad entre tantas cosas más hacen de este mundo un infierno para nosotros y un enfermo paraíso para su enfermedad.

La realidad quieran ellos o no lo vean uno y otros no es esta, todos somos una gran familia, todos somos la especie humana, todos comemos, dormimos, respiramos, lloramos, reímos, etc.... todos caímos al suelo y aprendimos a levantarnos porque todos somos el todo y cada parte de él somos nosotros, al igual que nosotros de él y de todo al mismo tiempo.

30

CAPÍTULO 10

Huir no sirve de nada

Por muchas mentiras que nos hagan creer o incluso quieran creer por sí mismo de verdad solo hay una y no es la que yo pueda o puedan, sino es la verdad. Una, la misma que ha hecho que el Sol salga hoy y dentro de unas horas se esconda haciéndose de noche, la que cuando lanzas una piedra caiga al suelo por la Ley de la Gravedad, la que 1 más 1 hagan dos y no siete y así sucesivamente, como todo lo explicado con anterioridad, esta es la verdad que por mucho que dos personas no estén de acuerdo es así y no es de otra forma y no está a nuestro alcance cambiarla, porque así lo dictan las Leyes Universales y ni tú, ni yo, ni nadie podrá cambiarlas pero aceptándolas y conociéndolas, podemos avanzar sin distracciones.

Yo no puedo luchar contra el mar, porque es mucho más fuerte que yo y me engulliría en cuestión de segundos, pero si entiendo y comprendo que el mar esta creado de la misma manera que yo y me fusiono con él, en este caso manteniendo a flote, haciendo el muerto sin aplicar ningún tipo de movimiento sobre él y evi-

31

tando el cansancio, formare parte de él y el mismo me llevara a la orilla sin el más mínimo esfuerzo, por lo tanto conociendo la verdad todos podemos llegar donde nos propongamos y además estamos en nuestro derecho conocerla porque nos pertenece nosotros somos ella.

CAPÍTULO 11

La utopía es creada por la ignorancia

Un día, un buen amigo me pregunto.- "¿Tú crees en los milagros? (con un tono un tanto irónico) y yo le conteste.- "Acaso hay mayor milagro que la vida".-

La Utopía en la mayoría de los casos está asociada a la conformidad, el ser humano no dejamos de ser un animal de costumbres y nos volvemos cómodos y vagos impulsados por nuestro ego. Si nunca se da el primer paso, nunca dejara de ser una utopía, si tú no buscas alimentos para tu familia, no podrán sobrevivir y si vives rodeado de excrementos y no haces nada por remediarlo siempre vivirás en la miserable ruina.

Si hay algo que está obstruyendo tu camino, y no lo apartas no podrás cruzar al otro lado, y si consientes ante tus ojos la injusticia ajena, nunca vivirás una vida justa, si no muestras pleitesía ante los demás no esperes que los demás la tengan contigo, y si hay algo que está haciéndote vivir una vida indigna a ti y a toda tu

33

familia, en ti esta el poder y la responsabilidad de cambiarla y no mostrarte conformista por mucho que hayas luchado para poder mantenerte medianamente estable. En esta sociedad consumista y capitalista, es un acto egoísta y cobarde, aunque no puedas cambiarlo del todo, si puedes cambiar tu entorno, si puedes cambiar tu, no me vale eso de "ya tengo 50 años y yo soy así y si no he cambiado en 50 años ya no cambiare nunca", porque aquí estamos de paso y lo único seguro de la vida es la muerte, pero que triste vivir sin luchar, morir cabizbajo dejando un mundo en llamas atrás, el mundo en donde crecerán tus nietos y los hijos de tus nietos y nuevas generaciones venideras, es responsabilidad de todos. El mismo ego que te hizo solo pensar en ti, que dejaron nuestros antepasados en nosotros, que no te hace compartir y ayudar al prójimo, que te hace dueño de tu esclavitud y esclaviza a tus seres queridos, el que tantas muertes ha causado y tantas seguirán, al que si no ponemos freno, nos alejara de nuestra verdadera condición humana por completo y volverá a teñir los ríos de color purpura una y otra vez, hasta que cada uno de nosotros repare en las llagas del dolor causado por aquellos que aun ignorándolo fomentaron dentro de ellos mismos y de los demás el Ego, que sin intentar frenarlo y escuchando, comprendiendo y enseñando a los demás a enterrarlo y crecer como familia y como personas que somos, seguirá creciendo y alimentándose a su paso de la oscuridad hasta conseguir arrancar la luz incluso de nuestros propios hijos.

No importa en absoluto, tu nacionalidad, idioma, color, rasgos, cultura, eso son cosas banales, sin sentido, son distracciones no sirven en absoluto para nada, pues aquí todos somos iguales y aunque los demás no lo vean así, de ti depende que un día puedan verlo como dije anteriormente un pequeño cambio que puede re-

34

percutir a uno mucho mayor con el tiempo y tenemos que empezar a trabajarlo, primeramente cambiando nosotros por dentro, para intentar ser mejores, predicando con el ejemplo, de ti depende que siempre siga siendo una Atopia, de ti depende que todo vuelva a su sitio y un día deje de serlo.

Los limites los pones tu, no existen como me hizo ver en mi camino una apreciada amiga "Las mayores cárceles del Mundo, están solo en la mente del ser humano ".-

Política y religión van cogidas de la mano, cualquier forma política es la misma, en un sistema piramidal, religión es un arma para mantener a las masas atrapadas en una fe imperialista creada por hombres sin corazón, usando una pequeña parte de las Leyes universales, jugando con las personas con falsa fe, cuando la verdadera fe es simple como el agua, el viento, la tierra, el fuego, el Sol, la Luna, porque la única fe verdadera es el amor hacia todo lo que nos rodea y todo lo que hace el Universo funcione y el cual es el único camino para un día poder vivir realmente como todos nos merecemos.

CAPÍTULO 12

La verdadera riqueza

La verdadera riqueza, sin duda es la sabiduría, es lo único que ni nadie ni nada nos podrá robar, porque ella nos hace ser quien somos. Las cosas materiales van y vienen de mano en mano, pero realmente no son de nadie de nosotros, si no del Planeta y en él se quedaran incluso nuestro cuerpo aquí yacerá, aunque cambiemos las cosas de sitio o les demos el valor que queramos no nos pertenecen, pertenecen al Planeta y aquí se quedaran y nosotros pertenecemos también a él, no somos dueños en absoluto de nada, pero sí de nuestros actos y ellos pueden darnos la libertad o pueden encarcelarnos en la ruina, pero la vida es sabia y de lo que comes eres, de lo que hagas serás, porque todo aquello malo que causes como inquilino en este Mundo a los demás y a él en sí, e incluso a ti mismo, repercutirá el día de mañana y al igual que nadie puede escapar de la muerte todos somos prisioneros y responsables de nuestros actos.

Despierta en ti las ansias de saber el porqué de las cosas, porque eso al mismo tiempo que te nutriría de conocimientos te hará crecer interiormente y al mismo tiempo que tú crezcas, crecerá tu entorno.

37

CAPÍTULO 13

Las semillas del motor

Sin duda el motor del Universo que hace que todo exista es el AMOR. El amor nos trajo aquí en un acto de amor entre dos seres que se quieren, llegamos al Mundo y dentro de nosotros hay un Universo, que fue creado con el mismo amor.

El secreto de todo es el amor incondicional a todo lo que nos rodea, lo que vemos, olemos, sentimos, tocamos, percibimos, intuimos todo gracias al amor. El amor derrite el odio, es el arma por la cual todos acaban rindiéndose a sus pies, la más poderosa, el fuego que derrite los tanques, armaduras y acaba con todo el mal a su paso. El Amor es la luz que ciega las sombras y trae la vida.

El mal, también fue creado en este plano terrenal, por el amor, para hacernos aprender sin duda. Es nuestro maestro, debemos respetarlo pero no venerarlo ni fomentarlo, sino más bien tratar de evitarlo, para crecer interiormente todos como uno.

Cuando haces las cosas de corazón y con amor funcionan bien, como al cocinar, si lo haces con amor tienes muchísimas garantías de que salga riquísima la comida.

39

Nuestro cerebro funciona por impulsos eléctricos, nuestros anhelos y deseos pueden ser bloqueados inconscientemente por nosotros mismos al estar constantemente pensando en ellos y sin darnos cuenta crear una barrera por la proyección del pensamiento y de los impulsos eléctricos mentales del otro individuo al que deseamos proyecte la acción.

Mi consejo en la vida es mantener la calma, la quietud, tanto mental como espiritual, esto acelera el proceso, los acontecimientos prósperos y evita que se manifiesten bloques que retardan aquello que la vida puso delante de nuestro camino. De esta forma entiendo que todos somos el todo, el todo está en nosotros porque somos y formamos parte de él, hace que todo fluya acordemente en armonía nos hace ser capaces de adaptarnos a todas las mutaciones de nuestro entorno y nuestras en cada momento en una conexión plena con él "TAO", eso requiere muchos años de trabajo y constancia, mediante "STATORI", (es un término japonés que significa la iluminación pero la palabra literalmente significa comprensión), buenas herramientas son, la meditación, Reiki, , hacer el bien y comprender a los demás, ponerse en su lugar, desde su crecimiento interno, visión y vivencias... pero sobretodo lo que más puede llegar a lograr esta plenitud es la constancia y nuestras buenas acciones del día a día.

Respeta cada cosa en tu camino tiene tanto derecho de vida, nos diferenciamos por ser racionales y a veces no actuamos como tales, de ello depende que seamos libres o esclavos de todo lo que nos rodea.

La vida es tu regalo, disfrútalo, saboréalo, exprímelo, cáete, levántate y nútrete de las cosas buenas que se postran ante ti, amate y ama a todo lo que te rodea y nunca temas a nada, el miedo solo es el alimento del mal, no tienen ningún poder ante la luz, brilla y siempre mantén la llama viva dentro de ti y aunque muchos note entiendan, otros lo harán, y con el tiempo y sembrando semillitas de amor en los demás aun ellos siendo inconscientes, muchas de ellas les ayudaran a florecer interiormente y ellos sin ser conscientes plantaran muchas otras en otros hasta que un día podamos disfrutar de nuestro paraíso, llamado TIERRA, como una gran familia que somos.

ÍNDICE

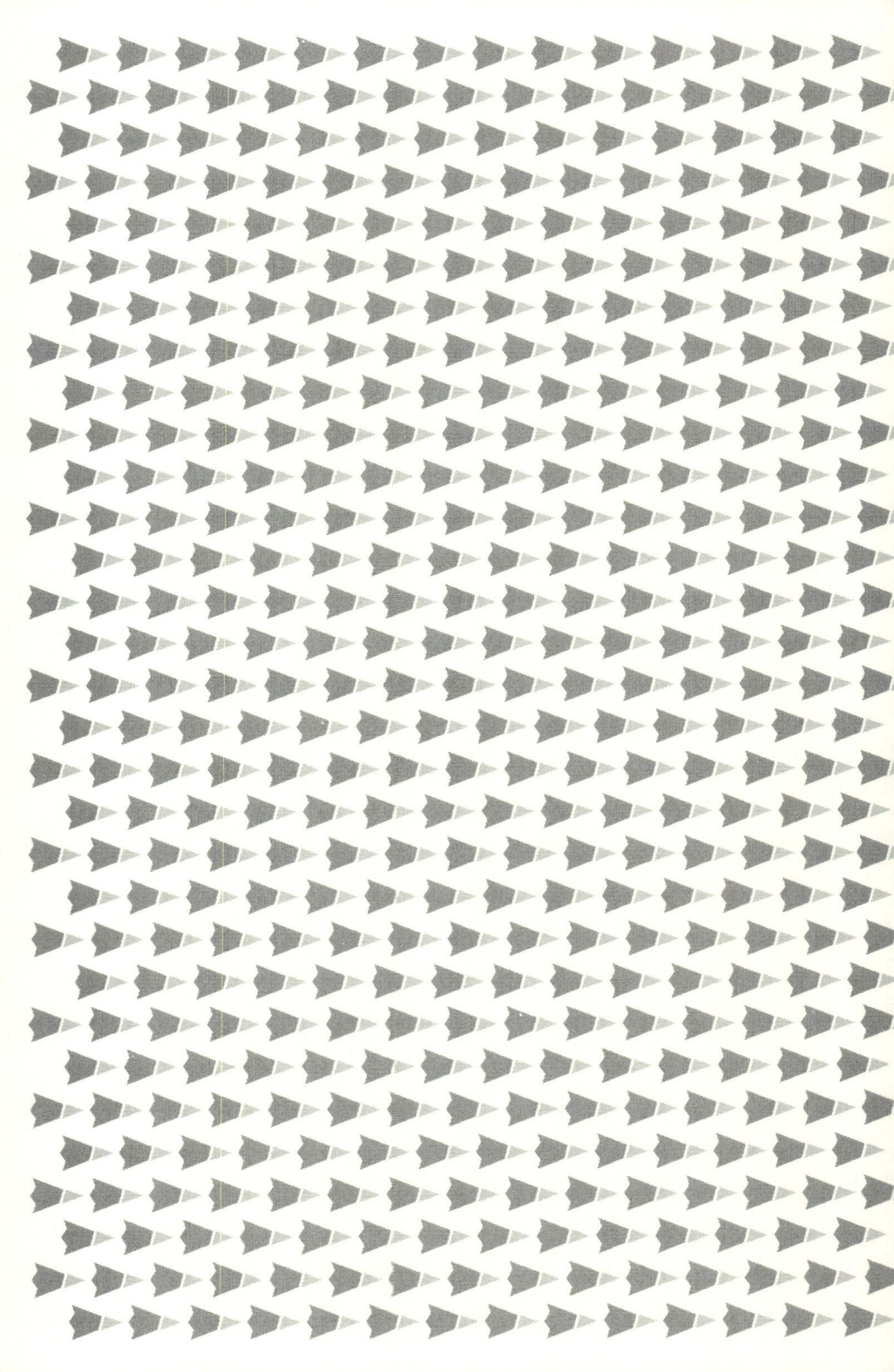

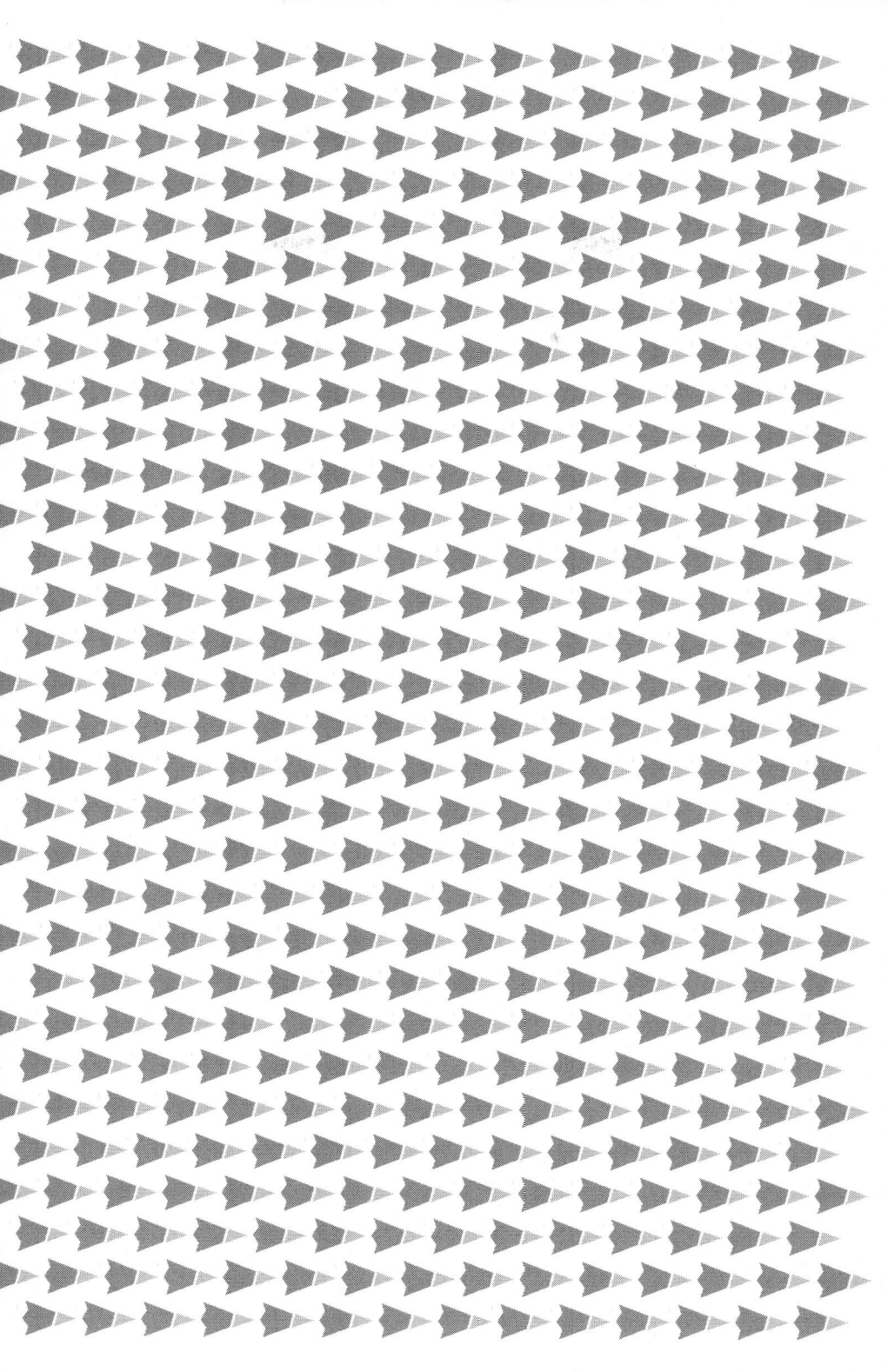

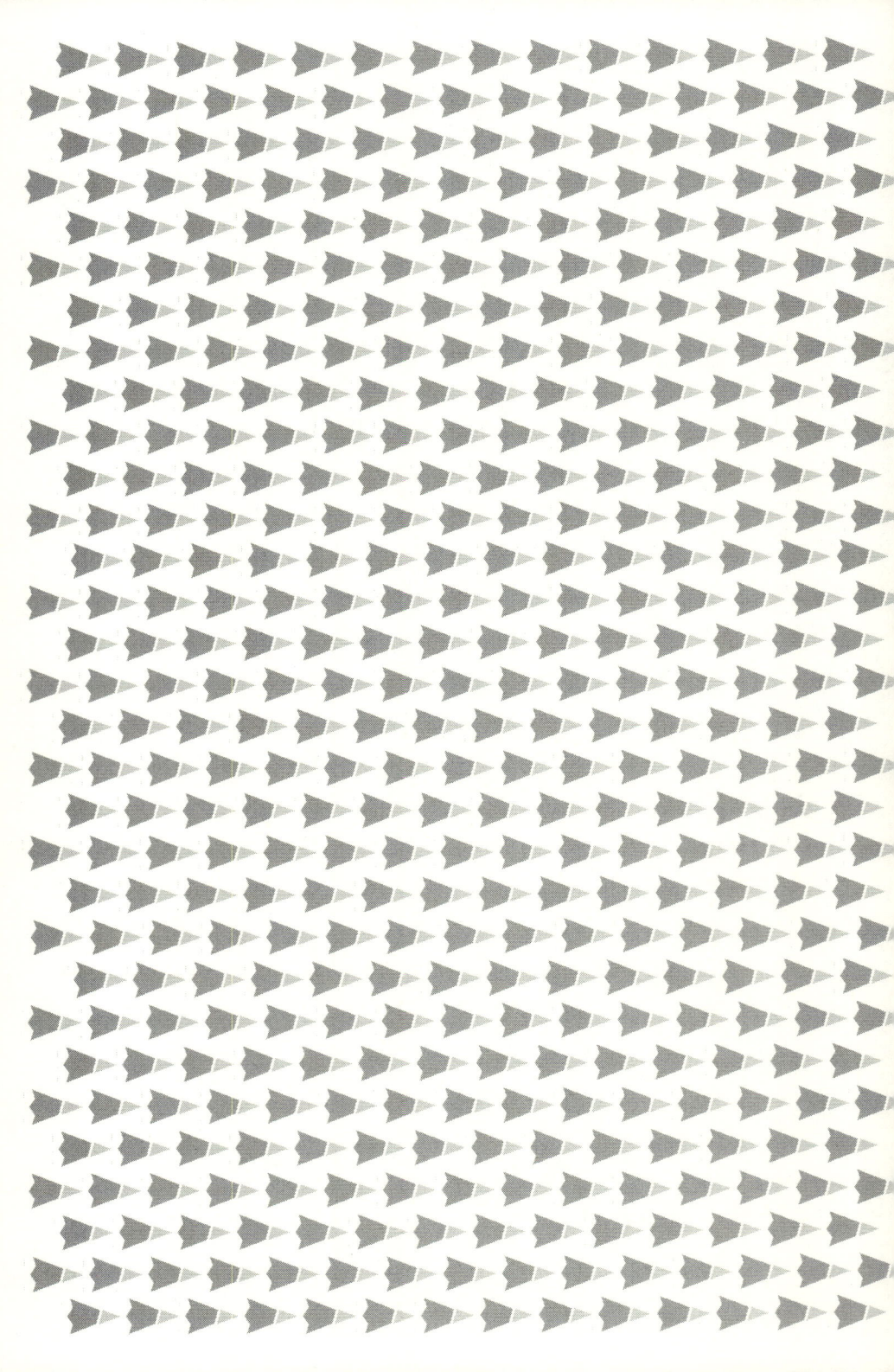